国外当代教育研究译丛

精准教学系列

主　编　盛群力　肖龙海
副主编　冯建超

精准教学要义图示

JINGZHUN JIAOXUE YAOYI TUSHI

[美] 艾米·M. 迪琼　著

张彤彤　译　　盛群力　校

中原出版传媒集团
中原传媒股份公司

大象出版社
·郑州·

图书在版编目（CIP）数据

精准教学要义图示 /（美）艾米·M. 迪琼著；张彤彤译. — 郑州：大象出版社，2021.11
（国外当代教育研究译丛. 精准教学系列）
ISBN 978-7-5711-0819-9

Ⅰ.①精⋯ Ⅱ.①艾⋯ ②张⋯ Ⅲ.①教学研究 Ⅳ.①G420

中国版本图书馆 CIP 数据核字（2020）第 256691 号

豫著许可备字-2020-A-0203

精准教学要义图示
JINGZHUN JIAOXUE YAOYI TUSHI
[美] 艾米·M. 迪琼 著
张彤彤 译 盛群力 校

出 版 人	汪林中
责任编辑	刘丹博 孙志莉
责任校对	张迎娟
装帧设计	张 帆

出版发行	大象出版社（郑州市郑东新区祥盛街 27 号 邮政编码 450016）
	发行科 0371-63863551 总编室 0371-65597936
网 址	www.daxiang.cn
印 刷	河南龙华印务有限公司
经 销	各地新华书店经销
开 本	720 mm×1020 mm 1/16
印 张	4.25
字 数	56 千字
版 次	2021 年 11 月第 1 版 2021 年 11 月第 1 次印刷
定 价	22.00 元

若发现印、装质量问题，影响阅读，请与承印厂联系调换。
印厂地址 河南省获嘉县亢村镇纬七路 4 号
邮政编码 453822　　　　电话 0373-6308296

浙江省卓越教师培养协同创新中心
2017—2018年度重点项目"教师教学设计应用模式研究"成果

浙江传媒学院教师教学发展中心合作成果

精准教学系列

"精准教学系列"（The Essentials for Achieving Rigor Series）这套教学指导书有助于教育工作者在实施、监控和适应教学方面做到得心应手。本系列采用了日常示例作为课堂应用的范例，使之具有即时的实践效果。

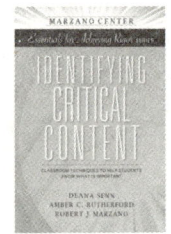

《确定关键内容：把握重点的方法》

《言之有理：提出与辩护主张的方法》

《记录与表征知识：准确组织与总结内容的方法》

《区分异同：深度理解的方法》

《加工新知：参与学习的方法》

《梳理知识：检查深度理解的方法》

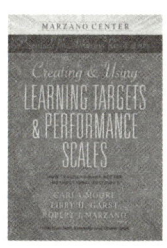
《编制与使用学习目标和表现量规：教师如何作出最佳教学决策》

《参与综合认知任务：跨学科提出与检验假设的方法》

《操练技能、策略与过程：熟能生巧的方法》

《组织学习活动：小组互动方法》

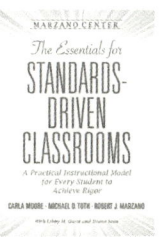
《标准驱动的课堂：精准教学的实践模式》

《精准教学的学习条件》

《精准教学要义图示》

致　谢

感谢各位专家多年来的研究与教学实践，正是他们持续不断的努力才得以推动"精准教学系列"面世。

格温德琳·L. 布赖恩特（Gwendolyn L. Bryant）

詹妮弗·A. 克利里（Jennifer A. Cleary）

莉比·H. 加斯特（Libby H. Garst）

劳琳·霍尔特（Laurine Halter）

凯莉·哈蒙（Kelly Harmon）

伊丽莎白·肯尼迪（Elizabeth Kennedy）

凯茜·马克斯（Kathy Marx）

罗伯特·J. 马扎诺（Robert J. Marzano）

卡拉·摩尔（Carla Moore）

特里·A. 摩根（Terry A. Morgan）

特蕾西·L. 奥卡西奥（Tracy L. Ocasio）

安伯·C. 卢瑟福（Amber C. Rutherford）

瑟柏拉·萨哈德奥·特纳（Tzeporaw Sahadeo-Turner）

里娅·A. 施密特（Ria A. Schmidt）

康妮·斯科尔斯·韦斯特（Connie Scoles West）

彭妮·L. 塞尔（Penny L. Sell）

蒂娜·森（Deana Senn）

目 录

引言	1
成功的标准	3
提供精准学习目标与表现量规	5
关键标准	5
教学方法	6
运用形成性评价跟踪学生进度	7
关键标准	7
教学方法	7
表彰学生进步	8
关键标准	8
教学方法	9
教学策略	11
确定关键内容	13

关键标准	13
教学方法	13
预习新内容	**14**
关键标准	14
教学方法	15
组织学习活动	**16**
关键标准	16
教学方法	17
加工新知	**19**
关键标准	19
教学方法	19
精细加工	**21**
关键标准	21
教学方法	21
记录和表征知识	**22**
关键标准	22
教学方法	22
合理设计问题序列	**24**
关键标准	24
教学方法	24
复习知识	**26**
关键标准	26
教学方法	27

操练技能、策略与过程	28
关键标准	28
教学方法	28
区分异同	30
关键标准	30
教学方法	30
验证推理	33
关键标准	33
教学方法	34
梳理知识	35
关键标准	35
教学方法	36
参与综合认知任务	37
关键标准	37
教学方法	38
学习条件	41
建立规章和程序	43
关键标准	43
教学方法	43
重在遵纪守章	44
关键标准	44
教学方法	45
鼓励学生参与	46

关键标准	46
教学方法	47
建立良好关系	50
关键标准	50
教学方法	51
寄予学习期望	53
关键标准	53
教学方法	54
结语	57

引 言

这本关于课堂技巧的精准教学模型要义（Essentials for Achieving Rigor Instructional Model），旨在为上课教师提供关键标准的概况，以及基本模型（Essentials model）中每个元素的多种教学方法示例。为了更好地使用本书，首先我们应该对该模型的全景概况和教学方法有一个基本的理解，并且在标准驱动的课堂中使用该模型来提高教学的精准性。

在标准驱动的课堂中，学生应达到规定水平的标准。基本模型的主要目的是帮助教师发展专业知识以实现精准教学，不管是在表现创造力的文科，还是在以研究为基础来传递知识的理科，确保所有学生都能获得成功。本书中所提到的关键标准和方法示例将帮助你有计划地开展基于研究的课堂，有效提升精准教学水平。

精准教学要义图示

> 我们根据图1所示的精准教学要义图示编写了这本书,其中包括成功的标准、十三个教学策略和五项学习条件三个组成部分。

当你计划在课程中使用某种教学策略时,首先查看关键标准,以便从宏观的角度了解教学策略。例如,当你计划在课程中使用"加工新知"这一教学方法时,你会注意到这一策略的其中一个关键标准包括将学生分组以鼓励讨论和互动。接着,当你转到方法页面时,会发现有四种方法示例可供学生用来加工新知:切块拼接法、互惠教学、概念获得和释义。我们希望教师能够以这些方法示例为探索的起点,针对每个元素深入钻研继而设计出自己的教学方法。

如果你想要深入了解模型中的每个组成部分和元素,请参阅"精准教学系列"丛书。

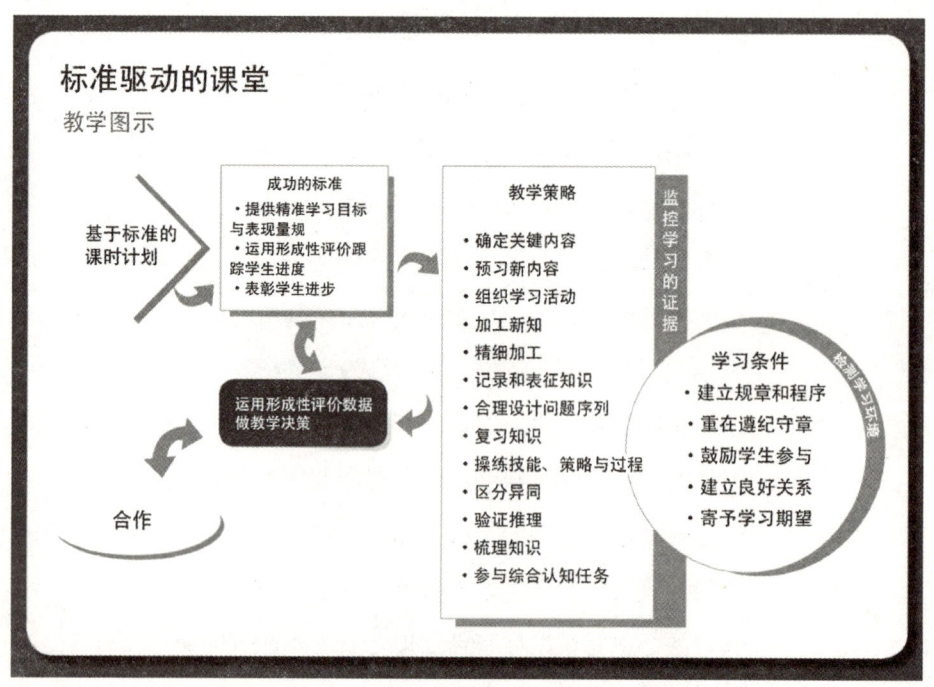

图1 精准教学要义图示

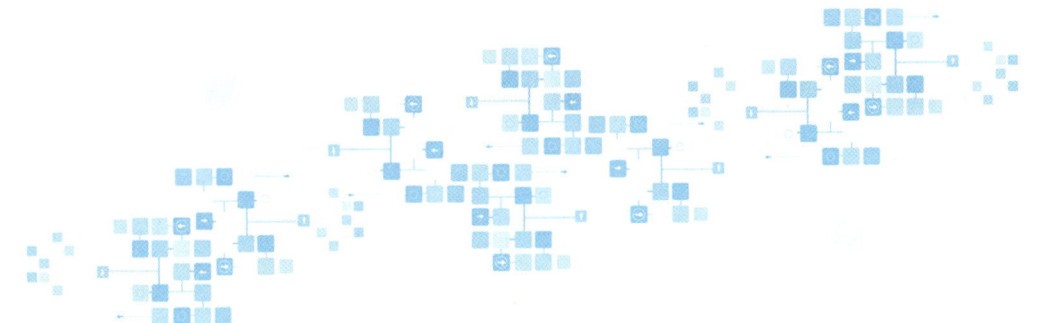

成功的标准

➡ 提供精准学习目标与表现量规

关键标准

要使学生精确掌握关键标准，我们必须设立学习目标。学习目标是依据国家课程标准中的基本知识和技能提出的，它涵盖了学生需要掌握的知识与技能。根据标准中所提出的知识类型，学习目标可以分为对陈述性知识（信息和概念）、程序性知识（策略、技能或过程）或两者相结合的应用。精准教学目标包括高阶的认知复杂性和学生学习的自主性。

我们应该学会区分学习目标、活动及作业。活动和作业是实现学习目标的手段，它们永远不应该被视为学习目标。

学习目标侧重于能力的培养，而表现量规则解释学生需要通过什么样的学习轨迹和学习进程才能达到或超过学习目标。表现量规的不同水平体现了认知的复杂性。表现量规的 3.0 级对应的是整合州或地区（以美国为例）课程标准中认知复杂性的学习目标。学习目标通常被拆分为具体学习目标，目标指向学生必须了解的特定知识和技能。2.0 级是基础学习目标，涵盖实现 3.0 级学习目标所需的基础概念和简单内容。因此，2.0 级是低于标准思维认知水平的学习目标。相较于 3.0 级符合标准的认知水平目标，4.0 级目标更为复杂，需要深入学习目标内容的推理和应用复杂认知。

学习目标和表现量规为课堂学习提供方向和架构参考。学习目标和表现量规都需要精心设计。与此同时，教师应设计并建立监测教学的方法，以确保学生了解学习目标和表现量规。

教学方法

教师必须通过某种教学方法向学生传达表现量规中的精准的学习目标。

在实际教学中，有多种不同的教学方法可以实现这个目的。表 1.1 所提供的方法仅作为示例，而不是一个全面的教学方法清单。

表 1.1　提供精准学习目标与表现量规的方法

教学方法	描述
呈现	在课堂中呈现学习目标和表现量规，供学生查看
学生友好型语言	在教师详细解释从简单到复杂的整体学习进程之后，学生独立或小组合作，用自己的话语描述每个量规级别和相关学习目标
参照	在课堂中经常参照学习要点、目标和表现量规
分享	向学生和家长分享学习要点、目标和表现量规的书面或电子版本
关联	将课堂教学活动与学习要点、目标和表现量规相关联

更多的教学方法可以参考罗伯特·J. 马扎诺 2012 年所著的 *Becoming a Reflective Teacher*。

 成功的标准

➡ 运用形成性评价跟踪学生进度

关键标准

教师和学生都应该跟踪学习要点和目标的进度。教师通过跟踪学习进度，及时了解并调整教学以满足学生的具体需求。学生则跟踪自己的学习进度，及时确认自身的学习状态与学习目标之间的距离，并设法缩小差距以达成学习目标。

教师应让学生在可说、可做的方面有一定的自主权。只要所有评价都指向同一学习要点，评价的形式和条件可以是多样化的。

在学生明确了学习目标和表现量规之后，教师就可以运用这些工具开展形成性评价，跟踪学生的学习进度。学生自主学习与学习目标一致的任何内容都可以使用评价来跟踪学生的进度。

教师在教学过程中使用形成性评价来明确学生可学、可做和不必做、不能做的范围。

用来跟踪学生学习进度的形成性评价需要精心设计。教师应设计监测方法来检验学生是否了解他们在表现量规评价中的表现，以及他们在实现学习目标方面的进度如何。

教学方法

教师应使用形成性评价跟踪学生进度的监测方法来确认他们是否了解自己在学业表现量规评价中的表现，以及在实现学习目标方面的进度。

在实际教学中，有多种不同的教学方法可以实现这个目的。因此，表1.2所提供的方法仅作为示例，而不是一个全面的教学方法清单。

表 1.2　形成性评价方法

教学方法	描述
成就证明（POA）	给学生提供短焦问题或练习，以检验学习进度和表现量规中的 2.0、3.0、4.0 级目标
如何做	学生通过解释他们在课堂中的表现是如何帮助他们实现学习目标的，来自我评价个人的学习状况
学成卡	学生在索引卡上写下他们所达到的水平，并为他们评定该级别提供理由
升级	学生明确自己已经达到的学习目标，并了解他们需要做什么才能进入表现量规的下一个级别
学生自主评价	学生创建个人学习任务，明确学习要点中所涵盖的知识以及自身学习状态与学习目标之间的差距。学生通过学习这些知识，在表现量规的评价中获得等级的提升
图表	学生使用图表或其他方法来跟踪记录学习目标的进程

更多的教学方法可以参考罗伯特·J. 马扎诺 2012 年所著的 *Becoming a Reflective Teacher*。

表彰学生进步

关键标准

形成性评价中最有力的环节就是让学生的进步可见。学生知识的习得被认可和表彰，可以激励他们向着目标大踏步前进。

学生自身知识的提升与当前的或最终的表现量规评估中取得的成绩应得到表彰。表彰可以以公开的或个人的方式进行。值得注意的是这种认可和表扬必须与标准驱动（学习目标与表现量规）的学习紧紧联系在一起。

表彰学习进步这一环节应是精心设计的。同时，还需设计一套确保学生能够为自己的成就感到自豪并有动力继续朝着目标迈进的监测方法。

教学方法

该教学方法确保学生对自身的提升和成就感到自豪，并有动力继续朝着目标迈进。

在实际教学中，有多种不同的教学方法可以实现这个目的。因此，表1.3、表1.4所提供的方法仅作为示例，而不是一个全面的教学方法清单。

表1.3 公开的表彰方法

教学方法	描述
表彰知识习得	经过一段时间的知识积累和学习，相比于起始水平，学生当前的成绩有所提升或已习得新知，那么这些成绩应该受到认可和表彰
表彰最终成绩	在单元结束或学习目标完成时，学生应获得表现量规中对应等级水平的认可。例如，所有达到3.0级的学生都应获得一阵掌声，或是将他们的名字展示在教室的海报上。达到3.5和4.0级的学生将以类似的方式被认可并被表彰
家庭分享	通过短信、电话或留言条等形式与家长或者监护人共享学生掌握知识的情况或学习成绩

表 1.4　个人的表彰方法

教学方法	描述
口头反馈	向学生提供具体反馈，明确指出他们在学习中哪些地方做得比较好。教师的反馈应与学习目标的进展相关，可以包括有关人际交往、要点、努力、准备、挑战等词语
书面反馈	评语可以写在学生评价手册、日记等上面，明确学习目标所指向的知识的习得与最终状态

更多的教学方法可以参考罗伯特·J. 马扎诺 2012 年所著的 *Becoming a Reflective Teacher*。

教学策略

教学策略

→ 确定关键内容

关键标准

在每节课开始之前，教师应该明确一些教学的关键点，这些关键点对学生掌握内容和完成学习目标至关重要。要明确课程的关键内容，教师需要参考标准来确定学生可学、可做的范围。这个关键内容成为课程学习的要点。

教师应明确呈现出关键内容，以指导学生更深入地了解内容、目标和标准。

在教学过程中，教师应多次强调并以多种方式反复强调这些要点，但并非所有呈现或讨论的内容都至关重要，学生必须能够区分出哪些信息是重要的、哪些信息是次要的。

明确关键内容需要精心设计，教师应知道如何引入和辨别关键内容并指导学生顺利掌握。

与此同时，教师还应精心设计监测方法，以确保学生能够区分重要和次要的信息。

教学方法

明确关键内容有助于学生辨别哪些内容是重要的、哪些内容是次要的。教师应通过清晰的教学流程来介绍关键内容，以引导学生更深入地了解内容和标准。

在实际教学中，有多种不同的教学方法可以实现这个目的。因此，表2.1所提供的方法仅作为示例，而不是一个全面的教学方法清单。

表 2.1　确定关键内容方法

教学方法	描述
视觉提示	故事板、图形组织者、图片、视频、演示、交互网站、插图、艺术作品、PPT 等，用于凸显关键内容并在学生的脑海中建立有关教学内容的图像
讲故事	通过讲故事，帮助学生更容易记住关键内容并明确重点内容
戏剧教学法	通过短剧、小品和舞蹈将关键内容戏剧化，让学生通过角色扮演鼓励其与内容产生情感上的联系，明确所呈现材料的重要性
口头提示	教师通过直接指出重要信息、提高和降低嗓音，以及演示时在关键之处暂停，来口头提示关键内容。口头提示表明了内容的重要性，并让学生有时间思考所呈现的内容
先行组织者	教师通过言语或非言语的组织者提示关键内容，帮助学生识别并思考这些是否重要。教师通过设计先行组织者让学生产生宏观方面的认识，激活先前知识和经验并将其与新的学习联系起来，或是用一些比喻组织教学和学习

更多的教学方法可以参考蒂娜·森、安伯·C.卢瑟福、罗伯特·J.马扎诺 2014 年所著的 *Identifying Critical Content: Classroom Techniques to Help Students Know What Is Important*，以及罗伯特·J.马扎诺 2012 年所著的 *Becoming a Reflective Teacher*。

预习新内容

关键标准

预习可帮助学生激活与新内容相关的先验知识。学生从自身生活经历和先前的学习中汲取灵感，将新内容与他们已经知道的内容联系起来。预习活动应该培养学生的好奇心，鼓励同学间的交流，应该是简短的、引人入胜的并能够与知识产生明显联系的有趣的活动。

预习新内容需要精心设计以激活学生的思维。教师应该明确如何引导他们把先前的或相关的知识与他们即将学习的新内容之间建立联系。

同时，教师还需要使用监测方法来检验学生是否已经成功地将他们所知道的内容与即将学习的内容联系起来。

教学方法

预习的方法用于帮助学生激活先验知识或相关知识，并与要学习的新知识建立联系。在实际教学中，有多种不同的教学方法可以实现这个目的。因此，这里所提供的方法仅作为示例。

KWL/RAN 图表

◇ KWL——KWL 图表中，K 代表 What I know（我已经知道的），W 代表 What I want to know（我想知道的），L 代表 What I learned（我学到了什么）。学生在课前完成前两点，然后在课后完成最后一点。

◇ RAN——"阅读和分析文本"图表是对 KWL 图表的调整。RAN 图表通常有五列：原有知识（What I think I know，我认为我知道的）、确认（Yes, I was right，是的，我是对的）、新知（What I learned，我学到了什么）、错误认知（What I couldn't prove，我无法证明的）和想知道（What I still want to know，我还想知道的）。当然，最后三列也可以整合为一列。学生在第一栏中放入便签，记录他们在阅读文本前对主题的看法。当他们阅读文本时，将确认内容的便签放到第二列，之后，将所有不正确的注释或错误观念移到"错误认知"列，并为新信息或"想知道"列添加新的便签。

预期调查指南

◇一个包含一系列关于新内容对/错判断的简短调查。学生可在老师讲解后对照指南巩固知识，纠正错误理解。

略读

◇记下通过扫读将要学习的内容确定下来的主要观点和重要概念。学生总结自己对所阅读内容的理解，记录已经理解内容的程度，并预测他们将在课程或即将到来的单元中会学到什么。

教师简要总结

◇教师口头或书面的总结描绘的是关于学生在内容呈现期间运用新知预测核心观念时的亮点。

设问

◇教师的设问要引发学生的好奇心，激活先前的知识，并提示学生应该在新内容呈现时寻找哪些信息。

更多的教学方法可以参考罗伯特·J. 马扎诺 2012 年所著的 *Becoming a Reflective Teacher*。

➡ 组织学习活动

关键标准

组织学习活动有助于学生学习、深化并增强对内容的理解。学生可以从小组讨论的多方视角中受益。通过小组互动，学生可以了解其他同学是如何加工新知的，并了解其他人在加工新知时作何反应。

组织学生学习活动时通常与其他策略或方法（例如，学生分组回顾内容，分组加工关键内容，分组区分异同等）结合起来使用。当学习目标包括掌握技能或过程时，在分组前应该让学生有时间独立练习。

教师必须明确分组和活动的目的，让学生进行有意义的互动，建立并解释学习活动的规则。

分组时，两到五名学生的团队学习效果最好，较大的分组规模往往会削弱个人在组内的职责。

学习小组可以是异质的（混合能力）或同质的（相同能力）。如果分组的目的是帮助成绩落后的学生，那么异质群体的学习效果最好。如果分组的目的是鼓励多数中等学生提高学习水平，那么同质群体最有效。

教学方法

组织学生与新内容展开互动的方法，应该是帮助他们理解和巩固学习内容。在组织学生参加活动之前，教师应先确定分组的目的，每组学生的人数、成员的角色和职责以及问责的方法。

在实际教学中，有多种不同的教学方法可以实现这个目的。因此，表2.2、表2.3、表2.4所提供的方法仅作为示例，而不是一个全面的教学方法清单。

表2.2 成对分组方法

教学方法	描述
思考—配对—分享	学生应先独立思考问题，然后再与其他同学配对，分享彼此的想法、观点，并提出可能的解决方案。当达成共识后，再与全班同学分享他们的想法
思考—配对—四人组	是"思考—配对—分享"方法的变式。与最后同全班同学分享不同，这种变式是指一组学生讨论完成之后与邻近小组的同学组成四人组，分享并讨论他们的结论、想法和方法

表2.3 合理分组方法

教学方法	描述
轮换	学生按四人一组围成一个圆圈。小组中一位成员先就老师提出的问题阐述他/她的意见或想法，组内其他成员倾听。而后，坐在左侧的学生做出回应，该过程继续顺时针移动，直到每个人都提出了自己的想法，教师宣布本次小组讨论结束
垫子	如图所示放置垫子，四名学生在垫子外围的各自活动区域写下对某一个观点的看法，在垫子中间还有一块区域用于写共同主张。之后，每个小组将他们认同的共同主张与全班分享

表2.4 结构化分组方法

教学方法	描述
观点剖析	针对教师提出的话题，学生明确自己的主张并阐明理由。同时，他们也应弄清相反的观点及背后的原因，然后通过剖析两种观点总结他们所学到的知识
思考帽子	教师组织学生从六个不同的角度审视问题，每个学生每次探索一个视角。不同颜色的帽子象征着不同的思维方式 ◇蓝帽代表组织与统筹思维过程和调控其他帽子 ◇白帽代表中立视角并呈现客观事实与信息 ◇红帽代表情感视角，依赖对问题的直觉、顿悟和感受 ◇黑帽代表谨慎视角，给出严谨保守的理由 ◇黄帽代表乐观视角，并说出一个想法的好处和价值 ◇绿帽代表创意视角，能够产生新想法并提供新颖的解决方案

更多的教学方法可以参考蒂娜·森、罗伯特·J. 马扎诺 2014 年所著的 *Organizing Students to Interact with Content: Classroom Techniques to Help Students Know What Is Important*，以及罗伯特·J. 马扎诺和朱莉娅·A. 史密斯 2013 年所著的 *Coaching Classroom Instruction*。

加工新知

关键标准

课堂应从以教师为中心转变为以学生为中心，帮助学生加工并得出与新知有关的结论。学生应该在学习新知时参与讨论、总结、联想、预测和解释，而不仅仅是当一名被动的听众。

为了帮助学生加工新知，教师应对内容进行分块，并在相关节点上停止教学。教师应通过提问和学生的反应来确定内容块的大小。

同时，学生分组有助于他们开展加工新知所需的讨论和互动。教师要求学生分组处理内容时，应提前分配好每个人的角色。

教学方法

加工新知的方法旨在帮助学生总结、预测和解答对新知的困惑。

在实际教学中，有多种不同的教学方法可以实现这个目的。因此，表 2.5 所提供的方法仅作为示例，而不是一个全面的教学方法清单。

表 2.5　加工新知教学方法

教学方法	描述
切块拼接法	学生通过分组，组建成不同的"家庭组"（home group）。家庭组中的每个学生都被分配了一项学习任务。之后学生离开团队，与其他被分配了同一项学习任务的同学组成的"专家组"（expert group）会面，讨论和学习教师指定的一项内容或主题。而后，学生回到"家庭组"中，向同伴传授自己所学内容并学习团队其他成员的知识。教师做出的设问不仅要帮助学生总结新知，还要预测和澄清错误认知
互惠教学	在呈现新知之前，教师要求小组的成员对即将呈现的内容块进行预测。当内容呈现后，一名学生作为主导者，促进讨论并提问。在解决了所有问题之后，另一名团队成员会对整体讨论进行总结。而后，该小组会再次对接下来教师即将呈现的内容进行预测。此时，轮换讨论主导者的角色，组内成员对下一部分内容的讨论仍在继续。另一种变式方法是教师向学生分配"预测者""总结者""澄清者"和"提问者"等角色，学生在每次加工新知的任务中轮换角色
概念获得	这是一个结构化的提问过程。学生通过比较正例和反例来辨别概念的属性。由于教师没有提供"内容目标"，学生对这个概念的属性进行了假设。为了证明他们已经"成功习得"这个概念，学生用正例或反例再次检验他们的想法
释义	学生反思听到的（或看到的）关键内容并复述发言者（或作者）的表述和感受，以解释所呈现的内容。学生转述信息，而非机械地重复。在释义过程中并没有引入新的想法，也没有提出问题

更多的教学方法可以参考罗伯特·J. 马扎诺 2012 年所著的 *Becoming a Reflective Teacher*。

精细加工

关键标准

为帮助学生对新知进行精细加工，教师的提问通常会超出教学范围，这些问题需要学生进行推断。同时，还要求学生通过提供证据来支持他们的推论，解释或证明他们的推理。

教师应在教学之前设计支架问题，穿插在整个课程中。问题应该具有一定的复杂性，并且必须提供等待时间，让学生充分思考内容并做出推断。

如果要求学生回答所有问题，就要给予学生绝对的自主权。换句话说，问题不应该永远由提出问题的人回答。相反，教师应时刻调整提问技巧来为学生思考提供脚手架，并帮助他们建立问题之间的联系。

教学方法

这里有两种基本的提问技巧可以帮助学生精细加工新知。它们主要涉及两大类问题。对问题的回答可以是口头的、书面的（言语的或非言语的）或是其他方式。

一般推理问题

要求学生对内容做出推断，或在先验知识和新知间建立联系来预测、决断或得出结论。

——经验问题

◇要求学生使用各自的原有知识进行推理以得出答案。

——推理问题

◇要求学生根据所呈现内容的逻辑和推测构建答案。

详尽推理问题

要求学生为其结论提供逻辑支持和佐证来扩展一般推理问题。

◇ 为帮助学生提供支持结论的佐证，提问："你怎么知道？／为什么你认为这是真的？"

◇ 为帮助学生对人员、地点、事物或事件的类别进行概括，提问："你期望的某些特征或表现是什么？"

◇ 为帮助学生对新知做出如果／那么的推断，提问："如果……，那么你推测会发生什么？"

➡ 记录和表征知识

关键标准

学生应该用自己的语言记录或表达他们对新知的理解和加工过程。在记录时，学生应迅速记下那些表达核心观点的词句。学生也可以使用符号、动作或图片等非言语方式表征所获得的知识。知识表征的类型应包括心理模型、数学模型和其他更抽象的表现形式。

学生在学习新知时，应记录和表征知识。一旦对知识有了更深层次的理解，就应该重新查阅这些记录或表征，以便及时修改和反思对知识理解的任何变化。教师应避免在教学过程中让学生记录和表征知识，而应在呈现并学完每个内容块之后给予学生充分的时间，让他们用自己的话记录关键内容。同时，教师还应向学生介绍各种笔记、记录或表征形式，鼓励他们使用自己最喜欢的方法。

教学方法

记录和表征知识的技巧是帮助学生记录、符号化、编码和表征知识的方法。

在实际教学中,有多种不同的教学方法可以实现这个目的。因此,这里所提供的方法仅作为示例,而不是一个全面的教学方法清单。

言语表征

普通笔记——学生用自己的语言总结关键信息,不同种类如表2.6所示。

表2.6 笔记的种类

笔记的种类	描述
组合笔记	学生使用两列的空间来做书面笔记,记录言语与非言语表征
非正式提纲	学生记录最重要的信息,并使用缩进来表示相对重要性
网状结构图	学生用连接的圆和线形成一个网状结构,表示概念之间的关联

课业笔记——学生用来分析和整合新知的笔记,包括加工、反思、提问、回答等。

非言语表征

组织结构图——学生使用图示来记录所掌握的知识,展示内容之间的关系或表现形式。

戏剧性扮演——学生通过扮演角色,模拟场景、过程、事件等,或用其他形式象征性地表现。

助记符方法——用来帮助学生记忆的押韵、短语、首字母缩写和歌曲等。

更多的教学方法可以参考罗伯特·J.马扎诺和里娅·A.施密特2014年所著的 *Recording and Representing Knowledge:Classroom Techniques to Help Students Accurately Organize and Summarize Content*,以及罗伯特·J.马扎诺2012年所著的 *Becoming a Reflective Teacher*。

合理设计问题序列

关键标准

教师应合理设计基于学习要点和目标的问题序列，引导学生通过必要的思考深入理解内容。所有级别的认知复杂性都应该包含在同一问题序列中，教师使用线性方式将问题解决依次推进，这要求学生：

◇ 详细阐明有关新知的细节。

◇ 辨别新知所属的类别。

◇ 阐述如何确定类别。

◇ 为这些阐述提供佐证和支撑。

以上有关提问的四个阶段可以是跨越几天或是在一堂课中进行的。在某些情况下，学生可能会从外部资源或文本中寻求信息来回答问题。

问题的序列应是基于学习目标的，以便有针对性地建立认知复杂性来实现学习目标。问题的排序最好是经过合理设计的，当然也可以在必要的时候提出。

在整个加工新知的过程中应合理设计问题序列，来为学生提供发展批判性思维和积极思考的机会。同时，教师也应完善监测方法，来检验学生是否有机会回答需要他们展开批判性思考的一系列问题。

更多关于问题序列设计的信息可以参考罗伯特·J. 马扎诺和朱莉娅·A. 史密斯 2014 年所著的 *Questioning Sequences in the Classroom*。

教学方法

教师合理设计问题序列为学生提供了在回答一系列问题时批判性思考的机会。该策略下的方法分为两类：学生个人回应和小组回应。

教学策略

在实际教学中，有多种不同的教学方法可以实现这个目的。因此，这里所提供的方法仅作为示例，而不是一个全面的教学方法清单。

学生个人回应

即学生在小组讨论期间做出的回应。针对每个问题提问多个学生，让学生有时间在被提问之前准备自己的回答。同时，教师应要求学生尽可能保证自己的答案不被别人推翻，随机提问学生，要求他们记录各种答案，或让学生挑战彼此的答案。

回应链

学生按照以下四个步骤回应彼此的答案。

（1）教师提出问题；

（2）学生 A 回应；

（3）教师要求学生 B 判断学生 A 的答案是正确、不正确或者部分正确，并解释其原因；

（4）如果学生 B 错误地判断了学生 A 的答案，教师可以提问学生 C 来回应学生 B 的答案。

配对回应

学生两两一组并统一答案。教师提问这组同学，其中一人或者两人共同阐述本组观点。

简短的书面回应

学生记录每个人的回答，并在整堂课中比较不同同学对特定问题的回答。

小组回应

学生通过小组协作得出统一的答案。当问题涉及多种观点或有争议的观点时，这个方法特别有效，并且在确定问题所属类别、详细阐述以及论证阶段都很有价值。

便利贴头脑风暴

学生在便利贴上写下教师所提出问题的合理答案，而后将其张贴在教室中，供全班同学查阅。学生就会发现遗漏信息，并会讨论哪些答案可能不合理。

小组清单

整个课堂分为与问题数相同的组数，每个小组会得到一个问题，组内成员要做的就是共同提出尽可能多的例子或答案。然后，小组之间会轮换问题和答案列表，并添加上新的问题和答案。整个过程下来，每个小组回顾最初的那份问题与答案列表，并根据重要程度或相关性依次从前到后重新组织信息。最终，每组学生与全班同学分享他们的答案列表，并解释为什么他们得出这些答案。

编号

教师将学生组成不同的小组，并为每组进行编号。学生反复比较问题的答案。之后，教师提问一个编号，该编号的小组成员就展开回答，在学生坐下之前，教师会解释清这个问题中的所有疑惑，然后再提问下一组同学回答另一个问题。

更多的教学方法可以参考朱莉娅·A. 史密斯、罗伯特·J. 马扎诺 2014 年所著的 *Questioning Sequences in the Classroom*。

➡ 复习知识

关键标准

学生应复习核心知识加深理解。简要地重复之前所教的知识有助于学生识别不同想法之间的基本联系，并有意识地进行分析。复习知识应该是快速的、友好的且有趣的，可以和其他同学一起复习，而不是和老师一起。在整个复习过程中，应该突出累积的效用。

复习知识需要精心设计。教师需要引导学生准确表述之前所学的关键内容。同时，教师还要使用监测方法确保学生能够成功展示出他们所学到的与关键内容有关的知识。

教学方法

复习知识的方法应该帮助学生准确呈现出教师之前所教授的内容，并应突出积累的效用。

在实际教学中，有多种不同的教学方法可以实现这个目的。因此，表 2.7 所提供的方法仅作为示例，而不是一个全面的教学方法清单。

表 2.7　复习知识教学方法

教学方法	描述
完形填空	教师将之前学习的内容以部分缺失的形式呈现给学生，要求他们补全缺失的部分
摘要	学生可以用书面或口头形式以简短摘要的方式分享之前学过的知识、他们认为重要的信息或者他们记得的内容
学习角	教室内的多个区域被设为"角"，用来呈现不同模块的关键内容或开展不同的复习活动（总结、展示、练习）。学生在每个角之间轮换进行简短复习
简短练习	学生完成练习或者回答问题有助于他们记住或应用之前学过的知识
提问	教师的提问要求学生回忆、分辨或应用之前学过的关键内容。教师提出的问题可能需要学生根据之前学过的知识做出推断或给出答案

更多的教学方法可以参考罗伯特·J. 马扎诺 2012 年所著的 *Becoming a Reflective Teacher*。

→ 操练技能、策略与过程

关键标准

操练有助于学生提高应对的流畅度、准确性、速度、自动加工（automatic processing）、受控加工（controlled processing）等方面。操练为学生提供了加深内容理解所需的思考时间，通过操练技能、策略或过程提升信心和竞争能力。

在学生最初应用新知时，教师应进行适当的指导。同时，还应该对技能、策略或者学习过程进行合理建构，并根据需要重新设计，以帮助学生取得成功。为了让学生走向独立，教师可以拓展教学方式开展支架教学并减少干预，这样学生获得的锻炼才会更多。最终，学生应该在没有提示的情况下恰当地使用技能、策略或过程。

帮助学生练习的过程需要精心设计，从而确定如何帮助学生提升对信息的自动加工或受控加工。

同时，教师还需要设计监测方法来确保学生能够快速、流利、自动地或有控制地成功练习技能、策略或过程。

教学方法

这种教学方法是指教师通过让学生开展适当的练习来促使学生在技能、策略、过程等方面发展其自动加工或受控加工能力。

在实际教学中，有多种不同的教学方法可以实现这个目的。因此，这里所提供的方法仅作为示例，而不是一个全面的教学方法清单。

指导下的操练

教师在操练任务中应时刻为学生提供良好的帮助和指导，这样学生才能逐步开始组织、复习、练习、构建、总结、比较，继而对比其中的方法技能、策略或程序。

密切监控

当学生学习新技能时，教师应提供高度结构化的环境，并密切关注学生的行为，以便纠正其早期错误或消除误解。

常态的结构化操练

在教学初始阶段，教师以展示方法技能或过程开头，然后通过大量的结构化设计让学生操练技能、策略或过程中的各种要素。在这期间，教师提供支持以确保学生在操练技能或过程中尽可能地获得成功。在结束这种类型的练习之前，教师应确保每名学生已经多次体验成功。

独立操练

设计较少结构化的练习，以便增强学生认知的复杂性和自我指导、自主学习的能力。

变式操练

学生在更具启发性的教学情境中练习技巧。在这种状态下，由于他们所面临的任务充满挑战与障碍，导致认知复杂性增加，此时学生会更加努力地操练。教师在这一过程中，应鼓励学生发展元认知并密切关注他们的进步，以快速发现他们在操练中的优势与劣势。

流畅度操练

操练技能、策略或过程的流畅度达到自动加工或者受控加工的程度。这种类型的操练通常以家庭作业的形式展开。

更多的教学方法可以参考罗伯特·J. 马扎诺 2012 年所著的 *Becoming a Reflective Teacher*。

区分异同

关键标准

通过辨别不同观点之间的基本关系区分异同，帮助学生深化知识。运用比较、分类、类比、隐喻和在脑海中构建图像等形式组织内容，有助于学生加强理解并在他们的脑海中建立新的联系。教师应该要求学生得出结论并总结他们在区分异同时所学到的知识。同时，学生还需运用图形组织者，用言语或非言语的形式表征异同。

教师帮助学生区分异同的教学方法需要精心设计，应了解学生如何描述元素之间的相似点和不同点，并引导他们分享在比较中所学到的新知。同时，教师还应设计监测方法来监控学生是否可以总结、表征、得出结论，并能够解释区分异同如何加深他们对当前内容的理解。

教学方法

教师帮助学生区分异同的方法应该支持学生比较、分类、创建类比和隐喻、厘清观点之间的基本关系并在脑海中构建图像。

在实际教学中，有多种不同的教学方法可以实现这个目的。因此，这里所提供的方法仅作为示例，而不是一个全面的教学方法清单。

句干比较

句干通常用于对比各种人物、地点、事件、概念或过程，为学生在进行比较时提供参考结构。这种结构引导并帮助学生时刻保持对相同特征的关注，从而避免陷入思考的误区。

例：_____和_____是相似的，是由于他们都_____。

_____和_____是不同的，因为_____。

比较矩阵

表 2.8 可用于比较两个或多个概念或元素的特征与属性。学生通过比较可以总结出他们所学到的知识。

表 2.8　比较矩阵

比较矩阵				
属性	元素 1	元素 2	元素 3	异同点
属性 1				
属性 2				
属性 3				
总结：				

分类表格

表 2.9 可用于将相似的内容依据特征属性进行分组/分类。学生首先确定好种类，而后依次将内容分类填进组内，或者基于已有知识根据自身对特征属性的认知创建自己的分组。

表 2.9　分类表格

分类表格		
种类 1	种类 2	种类 3

明喻与隐喻

学生可以用"如""像"(明喻)或事物之间的直接关系(隐喻)进行比较。同时，学生需要解释为什么他们的明喻或隐喻能恰当、准确地代表相应内容。

类比

句干类比

学生通过句子主干对不同条目或概念之间的特定关系进行比较，句子的形式通常是"A 对于 B 就像 C 对于 D，因为……"。学生还应阐释他们对于这样类比的深度理解。

可视化类比

运用可视化形式作类比，并详细说明类比所代表的关系类型，如图 2 所示。

图2 互补色

更多的教学方法可以参考罗伯特·J.马扎诺 2012 年所著的 *Becoming a Reflective Teacher*。

验证推理

关键标准

当学生在探寻问题推理的原因或厘清所呈现信息、方法、流程的逻辑时，教师应当要求学生用论据支撑自己的主张。学生需要检验论据支撑的强度，确定答案背后的原因，并发现内容中或自身推理中的错误。同时，学生还要寻找信息去揭示非形式谬误（informal fallacies）。教师应让他们检查程序性知识背后的逻辑，并确定更有效的执行方法，同时，鼓励学生调查不同观点背后的原因。这个教学策略的实施需要教师为学生示范，并且必须提供辅助支持，让他们学会检验推理并为自己的主张辩护。

帮助学生做到检验推理的教学方法需要精心设计。确定学生如何厘清并准确表达逻辑或推理中存在的错误，或论证的结构，并解释他们在分析中产生的新见解。

教师应该设计监测方法来检验学生是否能够论证自己的结论、识别推理中的错误、描述内容中的错误、解释所提出论点的整体结构，并厘清多个观点背后的推理过程，从而加深他们对内容的理解。

教学方法

帮助学生做到验证推理的教学方法应该确保学生能够识别并准确表述逻辑推理或论证结构中明显的错误，以及解释分析中产生的新理解。

在实际教学中，有多种不同的教学方法可以实现这个目的。因此，这里所提供的方法仅作为示例，而不是一个全面的教学方法清单。

练习识别常见错误

练习旨在帮助学生识别逻辑推理中的常见错误。错误的类型包括逻辑混乱、故意非难、论据不足以及信息误导错误（如表 2.10 所示）。

表 2.10　常见的错误

错误类型	描述
逻辑混乱错误	学生的论点建立在有缺陷的推理之上，源于自相矛盾、例外当真、假性因果、循环论证、规避问题、无知争辩、合分失策、一概而论
故意非难错误	学生的论点是有攻击性的而非符合逻辑的（强词夺理、人身攻击、施加压力）
论据不足错误	学生的论点缺乏有力的证据，例如来源片面、资源失信、搬弄权威、迎合舆论、情感诱导
信息误导错误	学生的论点混淆事实或错误应用概念、错误概括

检验论据

学生通过分析理由（初步论据）、论证（证实主张，起支持作用的信息）和限定（反例或与主张相矛盾）检验论据。

统计局限

在使用统计数据支持自己的主张时,学生常常会发现并分析错误。五种常用的统计方法类型为:均数回归(regression toward the mean)、合取(conjunction)、基础比率(base rates)、附加参数限制(limits of extrapolation)以及概率事件(probabilistic events)的累积。

多视角探析

类似于透视分析,学生可以确定多角度探寻原因,辨别和分析对立面,并从总结和分析中获得新理解。

更多的教学方法可以参考罗伯特·J.马扎诺2012年所著的 *Becoming a Reflective Teacher*,以及罗伯特·J.马扎诺和约翰逊·L.布莱恩所著的 *A Handbook for the Art and Science of Teaching*。

→ 梳理知识

关键标准

教师应让学生通过回顾先前知识来重新审视自身对内容的理解,而后,让学生通过多次回顾先前所学找出错误并纠正,补充并更新先前所学的知识,加深他们对内容的理解。

在这个教学阶段,内容的准确性变得至关重要。为了让学生明确他们知道的(或不知道的),他们需要去记录在教学周期的早期所学习的内容。然后,教师应鼓励他们重新审视早期的学习成果和记录,以纠正、厘清并明确他们对知识的掌握。重要的是,学生不仅要重新审视,而且要有机会修改或补充他们对学习内容更充分的想法和内容间更紧密的关联。

帮助学生梳理知识这一过程需要精心设计。教师需要确定学生如何梳理先前的知识以纠正错误或消除误解，并在学习过程中不断补充所收获到的新见解，同时，还应让学生解释他们的理解是如何发生转变的，或者厘清当前学习是如何改变他们对先前知识的看法和理解的。

教师应建立监测方法来检验学生是否可以对先前的知识进行补充和剔除，来加深他们对内容的理解。

教学方法

梳理知识教学法应当确保学生能够对先前知识进行补充与剔除，以加深他们的理解。

在实际教学中，有多种不同的教学方法可以实现这个目的。因此，这里所提供的方法仅作为示例，而不是一个全面的教学方法清单。

课业笔记

教师应让学生在收获新经验、小组协作学习或复习和纠错后，在笔记本中创建新的条目。学生在单元学习中或在关联单元间学习期间，需要重新检查笔记以纠正不准确信息或补充疏漏之处。

复习

学生复习之前参加过的活动、任务以及做的笔记来确保其掌握了在考试或测验中需要用到的重点词语、大概念、观点、概论和需理解的内容。对已学知识的复习帮助学生制定学习指南、复习、反复思考、提出问题。

同伴互检

学生根据教师提供的标准、指导方针、问题，分析同伴的笔记或完成的任务，回答以下问题：

◇同学使用了哪些清晰或简洁的方法来表达信息（如图形组织者、流程图、概要、图片等）？

◇有哪些信息是同伴笔记上记录但我却疏忽了的？

◇我认为同伴笔记中最重要的信息是什么？

◇同伴的笔记本或任务单需要做出什么改进？

作业纠错

对学生作业进行批改，但分数仅记录在教师成绩簿中，而非呈现在作业中。学生可以修改作业并重新提交作业，以获得更高分数；教师应根据作业的质量对那些重新提交的作业调整分数。如果学生未重新提交修改后的作业，那么就被评定为初始的分数。

更多的教学方法可以参考罗伯特·J.马扎诺2012年所著的 *Becoming a Reflective Teacher*，以及罗伯特·J.马扎诺和约翰逊·L.布莱恩所著的 *A Handbook for the Art and Science of Teaching*。

参与综合认知任务

关键标准

一旦学生有机会学习、练习并加深他们对内容的理解，教学周期应该以思想实验或长期、短期的认知复杂任务结束。复杂的学习以学生的实际经验为基础，通过发人深省的任务与学习目标相关联，教师抛出的一个问题或一点提示能激发学生对内容的进一步探索。学生做出假设并预测可能的结果，然后基于证据验证假设是否成立。做出假设并验证假设会使学生超越基本的认知水平，并需要应用新知进行实验。

为使学生有效参与一项认知复杂的活动，有四个关键部分须注意。

1. 学生应该提出并论证自己的主张。为做到有效论证，学生需要支持主张（理由），并给出解释理由（支撑），且对主张进行限定（限定词）。

2. 学生应该得出结论并陈述他们认为自己的主张正确与否的原因。

3. 学生应能够分辨出可能对其分析与应用知识过程产生限制的逻辑错误或不同于常规的例外。

4. 学生应学会使用数字化资源，并整合多种信息来源。

当帮助学生开展复杂任务时，教师的角色是助学者、组织者，以及通过预测、发现、总结、支持或争论主张来指导并提供资源的支持者。在组织学生进行复杂学习时，可以使用合作学习、学生互评、学生自主设计任务等形式。为促进学生学习并提供帮助，教师可以检查学生对错误、理由、证明和限定的主张，或者通过问询学生来跟踪任务的进度并及时提供反馈。

帮助学生参与认知复杂的任务需要精心设计。教师需要确定学生如何通过参与真实性学习任务掌握新知。该任务应让学生得出结论、辨别常见的逻辑错误、说明并论证自身主张、使用数字化资源，并确定自身想法与他人想法之间的关系。

同时，教师应当设计监测方法来检验学生是否通过参与认知复杂和真实性学习任务来获取新知。

教学方法

教师帮助学生开展综合认知任务的方法应该确认学生通过做出假设、验证假设并分析结论，来促使他们对知识进行深入思考。

在实际教学中，有多种不同的教学方法可以实现这个目的。因此，这里所提供的方法仅作为示例，而不是一个全面的教学方法清单。

调查

当学生使用调查的方法来做出假设并验证时，他们通常会参考他人所说的或所记录的信息，而不是自己去观察。为此，教师可要求学生首先陈述个人主张，而后找出证据证明观点。与最初主张相矛盾的信息并不意味着来源不可靠。当矛盾得到调和并剔除了推理的逻辑错误之后，仍然可用来支持或驳斥学生从研究中得出的结论。学生们最终提出合理的解释，并反思自己最初的主张。表 2.11 所示为三种调查方法。

表 2.11　三种调查方法

调查方法	描述
历史调查	基于历史事件
预测调查	基于未来或假设事件
界定调查	描述地点、事物或概念的特性

问题解决

当学生使用问题解决方法提出并验证假设时，学生提出可能的解决方案，用以克服障碍和约束，随后需要检验并为方案辩护。学生需要运用既定标准检验方案、记录证据，并在证据的基础上得出结论。

决策

做决策任务要求学生预测最佳选择，并分析自己的思维，基于预先建立的标准进行评判，最终做出明智的决断。待选项和标准可以由教师提供或者由学生决定。

实验探究

当学生开展实验探究时，首先他们会提出一个假设，并通过直接观察收集数据，来检验自己提出的假设。学生应自行设计和应用一套程序检验假设。教师可以提供一些提示，缩小主题的范围或内容，促使学生产生自己的思路。在实验探究中，教师应为学生建立示范或引导观察。

更多的教学方法可以参考罗伯特·J.马扎诺2012年所著的 *Becoming a Reflective Teacher*，以及蒂娜·森和罗伯特·J.马扎诺2015年所著的 *Engaging in Cognitively Complex Tasks: Classroom Techniques to Help Students Generate & Test Hypotheses across Disciplines*。

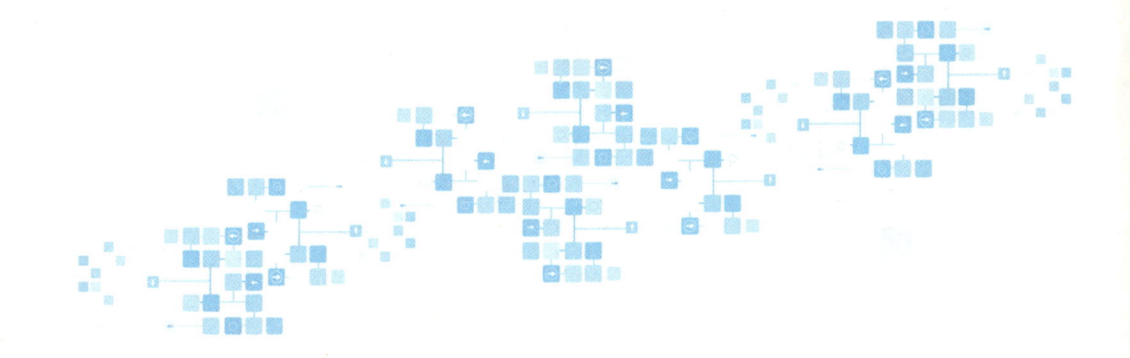

学习条件

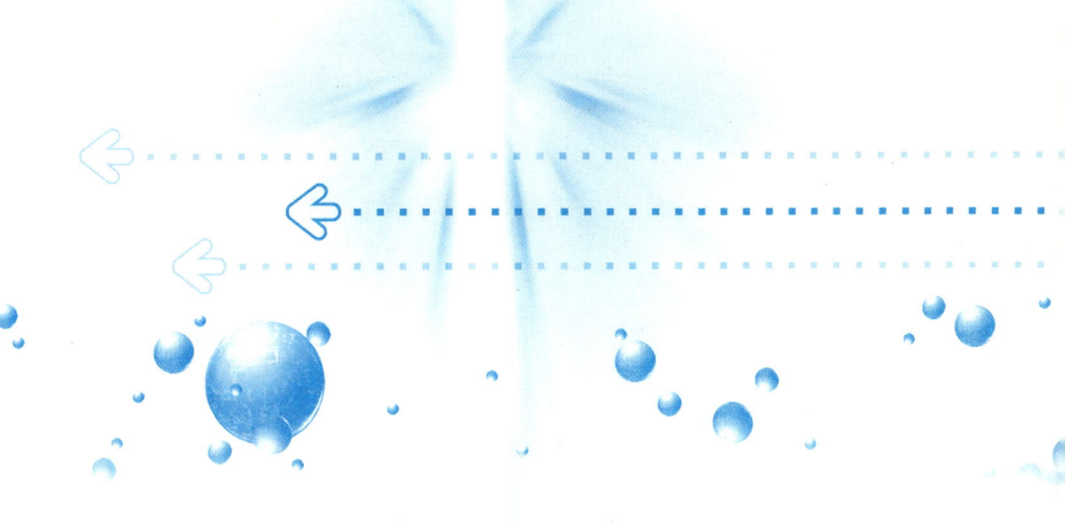

→ 建立规章和程序

关键标准

有效的课堂管理始于规章和程序。规章明确了常规期望和标准，而程序则传达了对特定行为的期望（Emmer et al., 2003）。

通常学年或课程的开始是制定规章和程序的最合适的时间。教师应该花些时间来确保学生充分理解规章和程序，并且进行足够的练习，以便学生能够顺利执行这些规章和程序。建立规章和程序可以减少破坏性行为，并且师生对规章和程序背后基本原理的讨论会促使成功。这可能需要教师经常与学生展开互动，定期检查并组织课堂会议来调整和维护学习环境。

建立规章和程序时要考虑的另一个重要因素是教室的空间安排。教室应该为有效教学和学习的开展提供合理的空间。教师应调整或创建外部条件以便帮助并支持学生活动，随时获取学习材料和技术。

教学方法

建立规章和程序的方法应该确保学生了解课堂规章制度，能够在教室内自由走动并方便获取学习材料。

在实际教学中，有多种不同的教学方法可以实现这个目的。因此，这里所提供的方法仅作为示例，而不是一个全面的教学方法清单。

发布规章

规章应张贴在恰当的位置。例如，小组协作的规程可能张贴在小组工作空间附近，离开教室的规则可能张贴在门旁边，而物品使用规则则应张贴在储物区附近。

海报与图案

学生创建海报与图案，强调特定规章和程序的重要性，或强调对课堂行为十分重要的特征。

手势和符号

手势和符号用于在课堂中传递基本信息。当教师举手时，可能表示学生需要注意了。闪烁的灯光可能表示小组活动太吵了。指向规章列表可能是提示学生暂停并思考他们当时的行为。举起铅笔的学生可能意味着需要得到教师的帮助。

审查规章与程序

如果学生看起来忽视了规章和程序，则应讨论失误并提出建议以纠正行为。待审查后，规章可能会被重新设计、暂停或废止。

更多的教学方法可以参考罗伯特·J. 马扎诺2012年所著的 *Becoming a Reflective Teacher*。

➡ 重在遵纪守章

关键标准

教师应平衡好对遵纪守章行为的积极强化与不遵纪守章行为的消极强化，以便学生展开更有效的学习。这种制度应在学年或课程开始时传达，并在全年内频繁、持续告知学生。

教师应该知道哪些学生遵纪守章并对构筑班级文化产生积极影响，同样，也应该认识到哪些学生行为不端，破坏学习环境。没有规定后果的规章和程序——正面的和负面的——对促进学习没什么作用（Marzano，2007）。

帮助学生遵纪守章的教学方法应当精心设计。教师分辨和确认学生的行为应是迅速的。为了实现这一点，教师应监测学生是否遵循课堂规章和程序。

教学方法

遵纪守章的教学方法应该帮助学生遵循既定的规章和程序。

在实际教学中，有多种不同的教学方法可以实现这个目的。因此，这里所提供的方法仅作为示例，而不是一个全面的教学方法清单。

遵纪认可

言语或非言语的肯定

◇言语——使用肯定或积极行为的短语，如谢谢、出色的工作、优秀等，并描述值得称赞的行为及其对课堂环境的积极贡献。

◇非言语——当学生遵守规章和程序时，教师可以给出诸如微笑、点头、击掌、竖起大拇指、OK 手势等信号，来确认学生的积极影响和良好行为。

可见的肯定

◇教师给予具体的认可，如特权、活动或物品，作为对学生积极行为的奖励（例如，周五的娱乐活动、与教师共进午餐、日常赞誉表、代币）。

家庭认可

◇教师的认可延伸到了家庭中，包括电话、邮件、文本、笔记和表扬的证书等。

违纪后果

言语或非言语的提示

◇言语——口头提醒当时没有遵守规章或程序的学生，如："比尔，你现在在做什么？"或"玛丽，你现在做的能帮助自己集中注意力吗？"

◇非言语——使用眼神交流、小手势（例如，摇头表示"不"、将手指放在嘴唇上、轻拍学生的桌子、抬起眉毛等），来提醒学生注意不恰当的行为。

直接后果

◇暂停——教师让学生到指定的位置（教室内或者教室外），直到他能够提供具体的方案来避免再犯类似的错误，并准备改正。

◇超额惩罚——向学生下发超额的惩罚来弥补自身不当行为导致的不好的结果，纠正其行为。如果该行为具有破坏性，则需通过修复损坏或滥用的东西（如果可能）来补偿。例如，如果学生在桌子上画画，应要求他们清理教室里所有桌子上的标记，而不仅仅是自己的桌子。超额惩罚也可用于消除不好的习惯或不敏感行为，但必须保证对学生是没有恶意的。

更多的教学方法可以参考罗伯特·J. 马扎诺 2012 年所著的 *Becoming a Reflective Teacher*，以及罗伯特·J. 马扎诺等 2005 年所著的 *A Handbook for Classroom Management that Works*。

→ 鼓励学生参与

关键标准

有四项基本需求会影响学生的参与。

情绪和学生对内容或任务的兴趣大小会影响他们的注意力水平，并影响其是否听从教师的教导。要将这种听从意识转变为认知参与，学生必须认识到内容和任务的价值。换言之，他们必须认为这很重要，并相信自己有能力完成这项任务，或者说有自我效能感。这四项需求突出了情感、认知和发声在学生学习与发展中的重要性。

学生下意识地问自己四个问题，以确定注意力和参与度：

我感觉如何？

我有兴趣吗？

这很重要吗？

我能做好吗？

鼓励学生参与的方法应该是精心设计的，但在学习过程中，可能需要采取明显的行动来吸引、重新吸引学生参与或增加学生参与度，可能还需要各种方法来重新建立和保持学生参与的积极性。表 3.1 所示为激发学生参与度的五个方面或因素。

表 3.1　激发学生参与度的五个方面或因素

激发学生参与度的五个方面或因素	
充满活力	在与学生一起学习时，可利用体力活动，以热情、有强度和快速的节奏来提高参与度和积极性
利用缺失信息	充分利用人类与生俱来的了结需求（心理学术语）让学生发现和寻找缺失的信息
自我体系	将学生认为有吸引力和有价值的主题、想法和过程结合起来
温和的压力	学生通过参与提问、游戏和友谊赛等活动，认识到学习中的关键要素
温和的争议和竞争	学生可以参加有组织的不具有攻击性的辩论、比赛和其他团队活动

教学方法

这一方法旨在验证学生参与学习的积极性。

在实际教学中，有多种不同的教学方法可以实现这个目的。因此，这里所提供的方法仅作为示例，而不是一个全面的教学方法清单。

游戏与温和的竞争

问题是什么

类似游戏《危险边缘》（哥伦比亚广播公司益智问答游戏节目），内容信息被放置在矩阵中，其中内容的不同属性类别排列在顶部，渐进点值和难度级别排列在底部。学生或团队选择一个点值及其相应的"内容线索"，然后以回答问题的形式回答线索。如果学生或团队的答案完整且正确，则会获得相应的积分并且有机会再次参加。如果回答不正确或不完整，对方有机会回答并获得积分。另一种变式是同时向所有团队提供"线索"，并为所有正确回应的人提供奖励。

找出不同
创建具有三个或更多相似术语和一个不同术语的词组。学生独立或小组协作，挑选出其中不同的术语，并写下他们认为之所以不同的原因。

课堂讨论
教师为每位学生布置多选、填空或简答题。学生组成不同的小组并轮流回答问题。当教师提出问题时，"回答者"有 15 秒的时间与团队商议并作答。如果回答正确则获得 1 分，如果回答错误则对方有机会回答并获得积分。当所有团队中的每个学生都作过"回答者"之后，积分最高的队伍获胜。

肢体活动

肢体表演
学生用肢体活动简要表达出一个重要内容、术语、主题的某个关键方面。

投票
教师将问题的不同答案（例如，正确/错误，不正确、部分正确和正确，多个答案，备选方案）分配到教室的某个角落或其他位置。学生站到他们认为代表正确或最佳答案的位置上。教师要求学生解释为什么这样选择。

轻快节奏

停车场
为了防止学生偏离、卡住或陷入困境，教师应让学生将自己在学习过程中出现的问题都写在便签、图表纸或白板上，当每个学生都充分思考并收集信息后再重新审查这些问题。

适当过渡
在活动与活动之间采取有逻辑的、有效的过渡来保持节奏。

激情与热情
自己的故事
学生通过讲述自己的故事分享其对事物的洞察力、欣赏力及与现实世界建立联系，使得他们更容易获取信息及新的视角。

幽默
有趣的标题、好笑的引用、漫画、让人捧腹的问题和故意的错误可以将幽默融入教学内容当中。注意，只有教师主导式幽默，才适合呈现给学生。

友好争论
市政厅会议
为了让学生从多个角度参与一个复杂的问题，教师可以让每个学生在市政厅会议上扮演指定的角色。角色的分配应以最可能表达出强有力的观点或受新政及议题影响的学生个人或小组为准。学生从各自所扮演的角色出发参加公开讨论，并在教师的组织下站在这个角色的立场进行辩论。在讨论结束时进行集体汇报，学生对自己的表现和整个讨论进行评价。

课堂投票
在教学过程中，教师首先介绍各种角色立场在某个问题、政策上的价值。教师要求学生选择一个角色，并与组内其他成员合作，来进一步学习并探索观点。然后，每个小组轮流陈述与他们在这个问题上的立场相关的事实、观点和想法。当所有小组都分享了意见并听取了辩论之后，教师组织学生投票。在最后的讨论阶段，学生的立场可能摇摆不定，此时可以切换位置。最后，学生针对他们当前观点的思考过程进行反思。

不寻常的信息
嘉宾演讲
教师邀请嘉宾分享他们的职业经历，学生学会聆听所学内容在现实生活中的真实应用。
教师呈现的有趣信息
教师提供有趣的事实或将与内容相关的小的细节穿插到教学中，来吸引学生的注意力。

社交与兴趣
有趣的调研
在学年或单元学习开始，教师要求学生明确他们想探索或调研的内容。然后，教师将这些特定的学生兴趣与目标纳入到课程和教学单元中来。
学习档案
教师要求学生完成一份正式或非正式的学习清单、调研或讨论来明确对于他们来说最好的学习环境与学习条件以及他们最喜欢的表达方式。在整个教学环节中，学生的选择是教师优先考虑的方法、形式和流程，帮助学生更好地学习和自我表达。

➡ 建立良好关系

关键标准

在《教学的艺术与科学》（Marzano，2007）一书中，马扎诺提出"可以说，师生之间的关系是有效管理的基石，甚至可以说是教学的全部"。

师生关系由两部分动态组成。一种提供行为和学习上的指导感和控制感。另一种提供合作感和关注感，以便教师和学生共同组成一个课堂团队。

以下方法有助于建立和维持有效的关系：

◇通过交流学习目标、跟踪进度、提供反馈和庆祝成功来提供学习指导。

◇通过告知学生目的、保持一致性并在教学中公平对待学生的积极行为与消极行为来优化教学环境。

◇教师应表达出一种自然而然的客观情感。随时检查自己的思想和情绪，以不具有攻击性的方式重塑学生行为，保持冷静，这些都有助于沟通指导、管理、关心与关注学生。

◇通过个性化学习活动，努力了解每个学生的个人情况，并将他们的个人兴趣纳入学习内容，让学生明白你关心他们的兴趣，让他们觉得自己是学习团队的一部分。

建立和维持师生间的良好关系应该是精心设计的。为了让学生感受到自己是课堂学习团队的一部分，可能需要各种各样的教学方法。

教学方法

与学生建立良好关系可以让学生真切感受到自己是课堂学习团队的一部分。

在实际教学中，有多种不同的教学方法可以实现这个目的。因此，这里所提供的方法仅作为示例，而不是一个全面的教学方法清单。

了解学生的兴趣和背景

意见调查表

民意调查，用于了解学生对课堂内容的看法。

师生会议

一对一的谈话机会，教师提出探究式问题以便更深入地了解学生的兴趣、观点和经验。

六字自传

学生用精确的六个单词完成一篇自传，教师组织学生分享并解释他们的自传。

引经据典

学生收集并分享能够描述自己性格与兴趣的句子，并呈现自己与这些内容之间的联系。

客观与控制

解释并理解多种沟通风格

（诸如自信的沟通者、冷漠的回避者、初级治疗师、欺凌者和胆小鬼）沟通风格会影响交流和情绪，防止冒犯学生。

积极的倾听与交流

教师要以平和的方式与学生展开互动，关注学生所说的内容并尝试理解学生的观点。在肢体动作、手势和面部表情方面保持中立，但要通过总结学生的陈述来确认自己听到了。

自我反思

教师需要确定自己在教学中是否公平对待学生的积极行为与消极行为，并对一致性进行日常反思。如果没有，可能需要对未来如何才能更好地表现出一致性进行深入思考。

用言语或非言语行为来表达情感

互动

制定一个时间表，每天选择一些学生进行交流，确保定期与每个学生都展开互动。互动可以是在课堂上、餐厅、课间的走廊上，或者上学前、放学后。

参加学生的活动

通过参加学生的课外活动表达对学生的感情，让学生知道你想在活动中跟他们多接触。

分配角色

请在课堂任务中指定轮换的角色（如分发材料、照顾班级宠物、收作业）。

幽默

教师将俏皮的笑话、主导式幽默融入课堂，尽可能地创造一个愉快、积极的学习环境。自嘲、在作业中添加幽默的小细节、玩笑星期五、滑稽帽子日、穿错袜子日，以上种种都可以在教室中营造一种温暖且有趣的氛围。

更多的教学方法可以参考罗伯特·J. 马扎诺 2012 年所著的 *Becoming a Reflective Teacher*。

➡ 寄予学习期望

关键标准

向学生传达高标准和学习期望，驱动并强化学生取得的成就。无论学生的背景如何，都应期待并要求他们高质量完成学习。教师始终向所有学生表现出尊重并肯定他们的价值是十分重要的。要避免学生因成绩高低不同而受到区别对待。

教师平等的口头表扬和友好的非言语反馈应该建立在良好的情感基调上并保持乐观的情绪。与学生互动应该是高标准且公平的。无论学生的成绩高低，只要他们有需要，教师都应提供帮助。

同时，还应该表现出对学生作答的欣赏。应建立一种鼓励和热爱参与的质疑文化。学生应该大胆冒险或试错，而不必担心同学或老师的负面评价或这样说对他人是否有所不尊重。

为了避免差别对待，应该向所有学生传达高期望。可以使用多种教学方法来确保所有学生都觉得老师对他们有很高的学习期望。

教学方法

对学生给予较高学习期望的方法应该确保所有学生都认为老师对他们有很高的学习期望，不管他们的背景和成绩如何。

在实际教学中，有多种不同的教学方法可以实现这个目的。因此，表3.2、表3.3、表3.4所提供的方法仅作为示例，而不是一个全面的教学方法清单。

表 3.2　展示价值与尊重的方法

教学方法	描述
言语互动	向所有学生传达尊重和价值并推动积极课堂环境的统一的言语交流，包括： ◇有趣的对话 ◇以学生认为尊重的方式和他们对话 ◇富有情感的语气 ◇承认并表达对参与的赞赏 ◇提供有效的反馈
非言语互动	向所有学生传达尊重和价值并推动积极课堂环境的统一的行动交流，包括： ◇眼神接触 ◇微笑 ◇接近 ◇手势

表 3.3　提问方法

教学方法	描述
问题等级	提出认知复杂的问题，要求学生做出推论、分析信息、评价结论并应用知识。无论学生自身背景或成绩如何，都应向所有学生提出严格的问题 问题应帮助学生思考并提高其信息加工处理水平，使他们更深入地了解内容。同时，必要的话向可能需要得到帮助或鼓励的学生提供支持
证据和支持	通过要求每个学生提供相同水准的答案和论证，增强对所有学生的高期望。学生每次发表主张都要给出理由支撑。如果回答问题需要使用推理，就要求所有学生解释他们的推理过程
记录回答	随机提问学生，而不仅仅只提问那些举手的学生。使用班级列表或座位表来明确谁回答了问题或已被提问。如果有必要，可以通过圈选学生的名字并跟踪他们在整个班级中被提问或回答问题的频率来关注特定的学生

表 3.4　面对错误答案的方法

教学方法	描述
分步回应	这一方法可供教师或学生在与同伴合作时使用。首先，回应学生的自发性及付出的努力。然后，强调学生回答中哪些是正确的、哪些是错误的。如果答案完全错误，请学生找出答错的题目。最后，提供支持帮助学生正确回答问题，如：更多的思考时间、提示、改述原始问题，或只提问原始问题中的一小部分。有时，提供正确的答案并要求学生详细阐述，用他/她自己的话复述或举一个例子可能较好
答案修正	精心引导、鼓励学生探究自己的答案，直到学生意识到自己答案的不合理性。可以使用以下方法来提问： 你怎么知道这是正确的？ 你有什么证据可以证明它呢？
同伴互助	当学生回答错误时，要求所有同学向自己的同伴求助并反思问题与答案。教师允许学生与同伴分享、讨论并纠正自己的观点。之后，要求学生在与同伴交流后反思他/她最初的答案。然后，学生可以提出修正后的答案；引用同伴的回答，或者在作答时向同伴求助

更多的教学方法可以参考罗伯特·J. 马扎诺 2012 年所著的 *Becoming a Reflective Teacher*。

结　语

　　"精准教学系列"详细介绍了支持复杂教学必需的课堂策略,这对于营造学生所需的精准教学环境来说是必要的。"精准教学系列"由罗伯特·J. 马扎诺撰写并得到十几位专家的帮助,精准教学模型基于《教学的艺术与科学》研究中的教学策略,以及国际学习科学组织在美国各地进行的研究和试点项目经验而研制。

　　本书由艾米·M. 迪琼著,希望能够帮助一线教师全面了解精准教学模型的关键标准——包括每个要素的多种教学方法以及在具体实施时的使用建议。已经开始在课堂上使用基于标准开展教学的教育工作者将会发现这是一本帮助实现精准教学的要义图示。

　　要深入了解模型中的各个组成部分和元素,请参阅"精准教学系列"。